AF435435

Manuel Murrieta Saldívar

# Los días primigenios

© Editorial Giraluna R.L, 2019
Primera edición: 2019
Libro Digital
Derechos Reservados

**Edición al cuidado de:**
Rey D' Linares
reydlinares69@hotmail.com

**Diseño de portada:**
Carolina Linares
artesgraficas20042009@gmail.com

**Impreso en Venezuela  por:**
Cooperativa Taller Editorial y Literario "Giraluna"
J-29614384-6
editorialgiraluna2008@gmail.com
Teléfono: (+58) 0212-524.25.33

Depósito Legal:  DC2018001696
ISBN: 978-980-7257-44-2

# I
# ARTESANA DE MISTERIOS

# CANTO DE NUESTROS CUERPOS

*A Kathy, siempre otra vez…*

I
¿Cómo tenerte en mí
sin que la prisa ni las desviaciones
se interpongan?

¿Cómo sentir tus manos
entre la espuma
y acariciarte durante una migración?

Todo lo creo posible al invocarte
porque tu oído escucha ya por mí
y mi corazón bombea tu sangre sin saberlo.

Por eso te miro hasta en las avenidas
de una ciudad que desconozco,
en donde buscas tú
el refugio de mi cueva a la que entras
sin riesgos ni tumbos que detengan.
II
¿Cómo evitar la ceniza
para que no te vuelvas muerte
y nos vayamos mejor entre las ventoleras
o en la fotosíntesis de un viejo baobab?

Serás la lluvia suave
en el desierto de mi mano,
el camino que recorro aunque me encuentre quieto,
peldaño que me sube hacia el placer
de una felicidad sin nombre…

Y todo porque he decidido detenerme
en ti
—luz,
relámpago,
parpadeo de vida—
para mirarte en un tangible olor,
en el canto efímero de nuestros cuerpos
que en definitiva nos llevarán de aquí…

**EL PRESENTE**

Sentado
en la estación de la memoria
tu figura cayó despedazada

la reuní
amándote de nuevo
mientras las horas se esfumaban…

pude acariciar
el resto de tus átomos

saber si aún amabas o existías
pero al momento de completarte toda

te disolvió el presente que esclaviza…

# JUNTOS

Te invitaré a las calles
que se engrandecerán con tu presencia...

Te invitaré
para que en las esquinas encuentres más de mí
y sonriamos durante los tiempos muertos...

Te invitaré,
ni una gota salada caerá en la banqueta
ni habrá convencimientos
y nuestra historia no será tergiversada...

Te invitaré a los pasos libres,
la fiesta de palabras,
para evitar la costumbre del camino
y ser cada vez una verdad completa,
movimiento de aventura
entradas
salidas
                    puentes
barrios y edificaciones...
¡Vámonos pues estando juntos
vámonos por esas avenidas!

No hay nada ya que nos detenga
porque yo estoy en ti
que estás en mí...

**FRENTE A MIS SUEÑOS**

I
Sin la presencia clara de tu cuerpo
estaría aullándole a la noche
entre constelaciones
y la anchura tenaz de los desiertos.

Sin el gotear de tu beso
imagino mejor
meteoros desde Júpiter
y una luz útil
para el consuelo que requiero.

En realidad quisiera yo que aparecieras
así, como si nada,
esparcida en el poquito cielo que me queda.
II
¿Tendré que derribar más rutas
para encontrar la suerte que me traiga ante ti?
¿Me llevarán los asteroides,
horóscopos, algunos laberintos
o varios crucigramas?

No importa, ¡cómo sea!
Quizá sólo requiero
saber vivir tu ausencia,
arrodillarme en pleno vuelo
hasta soltar
la totalidad de los historias que dejas
en cada caminar
frente a mis sueños…

# HASTA EL ADIÓS CANSADO

*[Plaza Zubeldía, Hermosillo, Sonora]*

Desde la edad oscura
voy a verte
envuelto en pájaros y pasión de frutas,
desde los campesinos
y el puerto enloquecido…

Voy a verte
en ondas desesperadas
en la tienda sin alma
desde el escombro que no olvida ilusiones…

Voy a verte
en la mañana vacía
cuando mi cuerpo no quiera
y en lo conocido a medias…

Desde la esquina del cielo incoloro
desde el semáforo en rojo
con un ramo de besos
afuera del horario y sin ninguna llave,
asimilando insultos
en aulas,
fiestas,
bulevares…

Aun después del olvido

hasta el adiós cansado de mis ojos

voy a verte...

## PARA NO SER OLVIDO

Entre los tumultos esperé
ocupado de amor y promesas incansables,
esperé y fui una gran plaza
entregando canciones sin pared ni lamentos…

Numerosos días
esperé

a veces en jadeos

mi pelo descuidado bautizando mañanas…

Cada fin de jornada esperé,
la tierra era sequía y quería ser  lluvia…

Esperé
en el campo del azar
golpeado por los gritos y rutas clandestinas…

Fui un mago
y esperé con mi vara quebrada,
la suerte moribunda
esperando esperaba
una sola boca
una sola,
para no ser silencio
para no ser olvido…

# EL ÚLTIMO RECUERDO

Sé que la nostalgia es ese tren
que atraviesa intacto la noche de la nieve.

Sé que el dolor
es mirar por el túnel de la ausencia
y que al momento de las ruinas
la soledad es un poro
por donde fluye el llanto acumulado.

También sé que Venus a veces es muy noble
y que el polvo se junta con mis penas
para revolotear como si nada
en la burbuja de los años.

Que la vendimia está cerca,
lo sé,
como ese mar que aún no me somete
porque no me estaciono
y prefiero mejor atenderme a mí mismo
cuando descubro que la palabra se me viene…

Además
sé que el asfalto es triste y nos complica la vida,
que un beso de mañana desde ayer ya es olvido,
que el oxígeno es corto y eficientes las máquinas
lo sé…

Por eso hoy en tu ventana
no estaré para verte
ni para procurarte
mucho menos pensarte.

Porque también sé
que es la hora de dormir solitario,
sin soñar
sin siquiera ser el brillo de un astro
que se pose en tu frente
en el resquicio difícil de tus ojos
o en la cavidad más pequeña del último recuerdo…

# MI MADRE ME DEJA...

*A la memoria de Doña Lina, mi madre, requiescat in pace*

De mi madre me queda su sonrisa
mi perfil fino
la curva de este pelo
mi delgadez fallida.

Me deja la fortaleza de vivir
y de gozar la existencia sin miramientos ni morales,
su gusto por el rock
a pesar de sus pies ya casi centenarios,
su lucha por estar en salud:
"Lo hago por ustedes,
para no dar lata con alguna enfermedad".

Me deja a mis hermanas y hermanos de sangre
extendidos en al menos tres países,
sobrinos y sobrinas, primos directos y extensivos

mi verdadera patria

una familia normal,
disfuncional o no, yo no lo sé,
pero aprendí por ella a experimentar
pleitos domésticos nunca antes vistos.

Ella me deja la curiosidad por mi país
la geografía de todos sus problemas que tanto discutimos
su mexicanidad desfachatada
cada noche del 15 de septiembre
o enfrentando a los gringos en la sala
para después seducirlos adentro

en la cocina
con sus dichos y platos favoritos.

De mi madre me queda su energía de migrante
en busca no solo de un bien material,
sino más bien de la sabiduría,
su visita a las ciudades fronterizas,
el "otro lado" con su encierro de enfado,
la falta de vecinos sin plática sabrosa
y la única opción del shopping mall
 —"Ya vámonos a México—decía--es puro encierro aquí".

Le debo también mi apodo de turista,
ansioso trotamundos
y el nombre cristiano que me cargo
cansada ya de usar  guerreros náhuatls
como les puso a los otros miembros de mi tribu.

De mi madre me quedo
con la potente vena verde de sus manos,
mi poema escrito de su puño y letra.

Me deja esta sensibilidad, cursi quizá,
que no proviene de un machismo patriarcal
pero me hace correr estas palabras
que me sientan tan bien, con las que sobrevivo,
su impulso por defender
a ultranza mi vocación de letras
sin importar lenguajes o líneas divisorias,
academias o críticas adversas.

Me quedo
con su ingenuidad capitalista
para la venta de refrescos en la casa

y su vanguardia ecologista
de sembrar naranjos,
criar gallinas, conejos, en la urbe de un patio trasero.

Me quedo con su aire de jefa
arrebatándole los hijos a sus hijas
para que fueran nietos no expuestos
a la inseguridad.

Me quedo con su función de padre
con el que no crecí
pero que ella lo supo reemplazar,
mi madre-padre
los dos en Una
la Saldívar exigiendo
usara su apellido en los United States
"porque yo te parí…
¿acaso yo no cuento?"

Me quedo
con la única noche de amor que fui testigo,
seducida ella todavía del último placer,
dispuesta a pesar de todo a unirse con mi padre
adentro de la acequia campesina
tapados con una madrugada vibrante de estrellas
que sonreían conmigo en mi escondite.

Le debo incluso haber sido paño de lágrimas
en mi primer fracaso del amor
y de haber cumplido el sacrosanto matrimonio
ya entrado yo en edad,
darle frutos al último momento,
reproducir su estirpe
temiendo quizá que en el barrio

la nuestra no fuera  "la calle de los hombres solos".
Cortés ella, siempre buena suegra
con cualquier candidata que llevara
nacional o extranjera, no importaba,
"¡cásate ya o ten un hijo!"

Claro, por supuesto,
de mi madre nos vamos juntos
en esta eternidad al permitirme en su final biológico
escribirle este poema…

Ella, pues, me deja tantas cosas
que podría reducirlo en lo más simple:
mis átomos de vía láctea,
la herencia de un gen blanco,
el color mestizo,
y mis moléculas agrarias que, como las de ella,
regresarán de nuevo hacia el polvo del desierto,
a un palo fierro o mota de algodón

al río del Pacífico
o a la Sierra Madre que, me reveló,
fue donde todo comenzó…

# NATURALEZA ANDRÓGINA (Oda a Darío)

*A nuestro maestro Darío Galaviz, víctima de la homofobia, Sonora, México*

I
Al visitar tu sangre derramada
me recibe una órbita de letras
y sonrisas que encanta al pensamiento…

Y cuando te pregunto dónde estás
me dices que tu refugio es la existencia
que aparece en cada vaivén del golfo.

Ahora entiendo
que el puñal que busca eliminarte
se disuelve en tu vientre fantástico
y en la inteligencia perpetua de tu nuca
superior al fugaz mandato de los hombres
que en silencio te niegan.

También aquí descubro el arma de tu boca
diluyendo el sentido antiguo de la muerte
y por eso aún te veo entre los libros,
en cada palomilla que sondea la noche
y en cualquier aposento de ternura.

Además, tu cielo de carcajadas y disfrutes
continúa vibrando en la ciudad distante
y en el puerto aquel donde bailas
y miras el tumulto sin máscaras que desnuda la vida:
¡Mentira entonces que estés muerto
y que tu historia acabe en polvo!...

Afuera no llora el hielo del despido,
sino que anda oculta tu pavorosa sonrisa sin dolores…

II
¿Tu cadáver es el fin de los respiros?
¿Lo que has vivido no incomoda a las calles?:
quien no huele tu sombra no sabe de reflejos
ni bebe la cátedra que te mantiene vivo

y si no captan el paso de tu filantropía
suspenden el rumbo natural de la amistad que en ti reside.

Quien no indaga en la democracia del amor
ignora la verdad de un beso, te viola en seco
y no sabe jugar contigo a la ironía
porque el poder lo paraliza, arrasa tu derecho a la vida
y se vuelve eternidad de nada...

¿Quién eres tú entonces y dónde has estado
si el mundo se diseña para que tú no acabes?

Ahí andas todavía atareado en pendientes,
entre escándalos, convocatorias,
tugurios, bibliotecas e iglesias
eyaculando neuronas sobre la escasa fantasía de los
hombres...

Ábreme, pues, tus diccionarios
que la palabra sin ti es pasión seca,
mensaje solitario, botín de aficionados y triunfo de lo
efímero

refréscame de nuevo las ideas
con tu sol de justicia que incinera lo débil,

agítame las musas de todos los géneros y especies
aunque sea para hacer de mi cuerpo el último poema…

¡Revélame lo incierto, arrójales la crítica,
inspíranos un cuento y vente después
a fornicar la noche alcohólica con tu carnaval de sexos!

III
La universidad de tus días de gloria
ahora es un silencio que a veces se trastoca
solo para encausar la pena que a muchos nos abruma,
pero yo sigo el revuelo de tu lengua creadora
y en el hueco que dejas
veo pasar opiniones opacas,
diatribas que no igualan la lluvia luminosa,
el desfile de páginas y las revelaciones despertadas por ti:
Son simples alborotos que produce la ira
en su afán de olvidarte
queriendo silenciar tu libertad de cuestionar
el vicio de dioses y señores que niegan tu apetecida lucidez
…

¿Porque a quién se le ocurre
derramar su talento en el vacío
ciego de las mentes arcaicas?
¿A quién se le ocurre llevar sabiduría
a la mente asesina que espera
tu descuido en el instante mismo de la pasión amorosa?

A ti, únicamente a ti,
se te ocurre en la edad del patriarca
mostrarte femenino y violeta
con tu imaginación apuñalada

eres la mariposa entre coyotes que buscan saciarse
en cualquier orificio o sentenciar a los débiles,
eres el que ofrece una danza de niña,
alimenta los pechos
y seduce a los desamparados que ruegan una gota de afecto.

Sólo tú anuncias intrépido
al Eterno Femenino
que subyace feliz en el varón más temible.

IV
Ahora soy testigo de la fiesta
que zumba en tu Pueblo Prohibido
donde también combates la conjura, el fácil intelecto
y el ardor sin cerebro que te deja en el aire,
pero aún revoloteas, espías mi mesa
y te sorprende que yo no te despida
porque hoy más que nunca
me das la bienvenida entre la atmósfera y el plancton.

Pero no mires, por favor,
a la Urbe Legal que impávida te desvanece
en pesadillas de féretros,
ni a las autoridades que quieren al instante hacerte un mito
y darte un homenaje como última palabra;
ellos entienden que viajar a tu mundo
es temer lo distinto, lo difícil, lo raro
y por eso te requieren póstumo
mas no muerto de risa.

En cambio, yo sigo escuchándote,
sé que no existe tu cadáver saliendo del teléfono
y ya te inmortalizo en lo tuyo
porque, al igual que el cosmos,

entiendo al fin que tu reino andrógino es inquieto,
no se cansa del semen ni del verbo
que agitan al planeta de carne
en que me dejas,
a donde vienes,
a donde vuelves,
donde ya estás conmigo corrigiendo
la eternidad de este poema
que no te llevará de *Aquí* jamás...

# ARTESANA DE MISTERIOS

*Para Erivan, siempre una incógnita…. [Antigua, Guatemala]*

I
Renuévame el camino del misterio
para recuperar habitaciones vírgenes y acequias…

Proponme una avenida, escritores en fuga,
cuerpos de aguas
        esa curva barrocao un volcán difunto…
¿Qué tal nuevas cervecerías,
iglesias sin cielo y poemas urgentes que te arropen?

Proponme, dime, sé mi guía
¿no ves que aún puedo dejar mi residencia,
los perros que me crían
y la calle por donde va mi infancia?
¿No ves que todavía me atrevo
a desalojar terruños,
desentrañar raíces y los libros sagrados que esclavizan?

Aviéntame, pues, lo desconocido en la pupila,
una pisca de vida
la carne que sorprenda a mi esqueleto.
Hazlo…y me tendrás temprano
enfrente de tu boca y de tus pies
para estar los dos en rotación
como lunas gemelas espiando a los cometas…

II
Cuéntame del candor de tu ciudad,
de cómo los mapas nos enredan
y nos hacen tutear al destino y a los puentes

para sondear esos depósitos
que aman los arqueólogos,
refrescar las atmósferas sin humos
en nuestra búsqueda sin fin de sueños y planetas.

Avísame por favor a dónde ir,
cuál es el punto donde ocurre
el milagro,
el encuentro a veces tan oculto
tan temido…

¡Revélame el lugar!...
Ya sabes que no importa a dónde ir,
sino el camino
que yo estaré ahí tan pronto
como el guiñar de un ojo…

tú,
desconocida

artesana de misterios

el ser que encontraré
en esta ruta virgen en la que ya despierto…

# II
# POESÍA AL NATURAL

# TRANSMUTACIÓN

*[Parque Nacional Yosemite, California]*

Con un rumor de noche primigenia
las entrañas del bosque me cobijan,
abrazo —hago el amor— al planeta
y me entrego a su vibración acalorada

araño su génesis aún virgen
pero la calma es total:
ni siquiera el zumbido de un insecto
impide esta felicidad que no merezco...

Qué júbilo saberme briza
que las ramas aún sueltan oxígeno
y que voy junto al sol desprotegido de civilización:

Frente a mí no existen los pecados
ni siquiera un ser humano,
sino el último rocío, el desespero de una hormiga,
los colores de aves que no puedo nombrar
y ardillas amistosas a mi puerta:
la cascada me presiente
en su caer de apenas un segundo ...

Y ahora en la intemperie iré esfumándome
convertido en nieve o en polen solitario
pero ya no intentaré otro escondite,
sino que llegaré hacia la nada
o al próximo poblado
con mis sueños directos a buscarte:

Ahora sí podré amar
sin tanto esfuerzo porque mis pesadillas
se fueron diluyendo
en el revolotear de las esporas,
el abrir y cerrar de un girasol
y en los refugios intactos del riachuelo…

# SEQUOIA

*Para Vidal, quien también abrazó una sequoia*

Sequoia…
estoy palpando
tu tronco
de elefante
elevado sobre dos mil años
de helechos
y de nieve.

Irrumpes con tu melena
en las alturas
como si habitaras,
ya,
las nubes
que no alcanzo.

Pero también
abrazo
tu nueva clorofila,
penetro la humedad
que te rodea,
aquí, en tu paraíso,
el único escondite
que me queda.

Sequoia,
cómo me gustaría
penetrar en tus raíces,
—cimientos de la savia
que entregas como oxígeno—
saber cuál fue la fibra original
que horadó la lava primeriza.

Naciste para mí
y para las civilizaciones que te acosan
porque eres el único testigo,
el calendario mismo estampado
en tus cavidades milenarias.

Por eso quiero
navegar entre tus galerías,
aspirar el brote del capullo inicial,
ser tu cáscara enfrentando la borrasca
y al ataque del sol.

Sequoia…

Yo sé que me ofreces
lo tibio de tu cabaña indestructible,
que me arrojarás convertido
en un cono, en un piñón

o quizá, privilegiado,
me harás ser tu semilla
como esa que espera, en cada julio,
el fuego de montaña
para brotar
después en un retoño
—fábrica descomunal
que conviertes los gases en azul.

Qué  privilegio
ser tu descendiente,
qué prodigio
ya no escuchar la turbosina,
sino el murmullo
de tus anillos vegetales

salvándote
de nuestra crudeza destructora
o cuando me revelas
cuántos siglos de más
podrás acompañarnos.

Déjame por favor besarte,
Sequoia,
abuela de las vegetaciones,
déjame tutearte por una sola vez,
que quiere mi cabeza
reposar sobre tus filamentos,
cuidarte, te lo ruego,
no sólo con abrazos
ni promesas de ecólogo,
sino como un jardinero
que deja las palabras
y se transforma en abono.

Porque ahora me descubres,
Sequoia nuestra,
que una razón más
de haber nacido es para venir aquí,
frente a ti,
postrarme al fin
sobre tu tronco pavoroso
y vislumbrar que aún,
después de todo,
revientas de vida
con tus protuberancias vespertinas
que no saben de edad
ni límites de alturas…

## CALIFORNIA FLOWERS

*Para Shanti, mi flor californiana*

Nadie me reveló el encanto de tus flores,
California,
las que escondes al costado de nuestro gran océano,
nunca se anunciaron en algún programa o noticiero.

Tan hermosas y con un olor sin nombre
que de inmediato quise adornaran el rostro del amor.

Tampoco me dijeron que las encontraría pronto
junto a hierbas comestibles,
cactus nuestros,
sobreviviendo al holocausto del inicio,
el que arrasó a mis ancestros,
la curva de los ríos y a los pinos de viento
para que luego aparecieran rieles,
    la arquitectura de aquellos rascacielos,
        la exactitud de varias autopistas que atrapan a Los
Ángeles.

Estaban bajo el último cielo,
silvestres todavía,
infantes girasoles, romeros seductores,
mostazas infinitas, margaritas de novia,
California puppies
yerbas santas, lilas tensas, los claveles del indio,
malvas y caléndulas
enlazadas con lirios y violetas como en solidaridad,
protegiéndose de los furiosos pasos
y sospechando que, sin la gracia que aún poseen,
podrían fácilmente ser aniquiladas.

Flores que tampoco aparecen
en los mapas de las gasolineras
ni en los navegadores digitales,
pétalos que debemos buscar
ya sea porque nuestra intuición lo exige
o porque la amorosa voz que me acompaña
se convierte en un guía
que me lleva hacia el descubrimiento:

Las acerco hacia mi cabellera
las atrapo con el lienzo de un abrazo
las protejo de nuevas construcciones
de residencias de lujo, gaseoductos,
*shopping centers* y puestos de *fastgood*
y las trasplanto al edén de mi memoria,
las siembro en mi poema
o en un patio seguro
por si acaso,
mañana,
volviera de nuevo el holocausto…

# CANTO DEL VIENTO

I
Es el turno del viento,
árboles en rotacióny hojas sacudidas
cuando el oído se somete
y la mirada se estaciona en lo que antes fue quietud.

¿Qué palomas del sur están ausentes?
¿Cuáles polvos desmoronan la ciudad?

La ventisca es una calle despoblada,
tarde de cables y postes cayendo en las esquinas,
plazuelas sin gendarmes y sin pájaros,
vientos que circulan en las fauces del sol
besando campanarios

la piedra que suspira a ras del césped.

II
¿Es esta una canción inacabada?
¿Ahora es y mañana será olvido?

El viento, camino que trae lejanías,
regalo que libera la pradera.
¡Cómo agrieta la cara de aquello que olvidamos
y husmea sin permiso las fortificaciones!...

Atraviesa frutales
—el aire—
sahuaros y pirámides…

Y esparce el sabor de las cocinas
para no acabar irradiando más tristeza...

III
Lo miro horizontal y frente a mí

el aire, el viento mexicano,

cómo dobla fronteras
en la atmósfera,
cómo aplauden los cactus y palmeras
para soltarse después en ráfagas que abrazan.

Pasajero invisible, a solas me sonríe
sacudiendo el alma de los seres que arrasa

el aire, el viento, un verso que no cesa,
regreso sin final que a veces,
encantado,
abandona los cuerpos,
la ceguera terrestre,
atrás
atrás
de mi país que llora:

¿También limpias mis penas?
¿Me guardas por favor el respiro final?

# INSTANTÁNEA DEL CHIMBORAZO

*Para Pía, Natalia y Yapa. [Riobamba, Ecuador]*

I
Ni la visita irreverente o graciosa de las nubes
sobre tu copa solar,  a toda hora,
ni las distancias de golfos norteños y penínsulas

el castigo desértico,
los retrasos de avión o el vuelo de un pájaro suicida,
ni autopistas truncadas por fronteras inútiles
impiden,
Chimborazo,
que me postre ante ti como un esperma que sólo pide vida…

II
Ni cúpulas de iglesias, confusión de semáforos,
políticos expertos en paralizaciones
o monedas violadas por muchas inflaciones
ni las ocupaciones humanas
que a veces nos desvían o esclavizan

evitaron tampoco,
Chimborazo,
que posara mis piernas, mi voraz recorrido,
en tu falda ceniza repleta de la última esperanza…

III
Ni siquiera el ladrido de un perro solitario,
los colmillos de banqueros globales

ni aquellas mascotas que quitaron amor a nuestros
semejantes

o los enloquecidos tráficos urbanos
que vienen a buscarte
impidieron que fértil esté hoy a tres mil metros de altura,
en el centro mismo del planeta
cuando el sol también cae perfecto en los días de junio...

IV
Nada puede impedir que acaricie tu hierba
con el amor de los novios
o que me desplome
en insoldables lirismos como lo hizo Bolívar...

Entonces,
Chimborazo,
gracias por extraer lágrimas desde mi asombro primitivo,
por limpiar el veneno
de mis venas urbanas martirizadas con tanto consumismo
por recibir a cambio el aire andino
que purificas aun con esa cercanía que tienes con los astros.

V
Gracias por calibrar cual debe ser mi ojo de nativo,
observarte en minutos
como lo hacen quienes en ti te habitan
te reverencian y cuidan
no como tótem sagrado,
sino como el dador de la última existencia.

Gracias por echar un vistazo a mi insignificancia,
hacerlo con la nobleza y temple
del ser más alto de nuestro continente
pero a la vez majestuoso
con ese mutis del poder verdadero.

Gracias Chimborazo por ofrecer la vereda
más simple para subir a ti,
la de los que verdaderamente te conocen
entre eucaliptos, florecillas, acequias
y manos agrícolas que sí saben de amor

por indicar que el cosmos
se mueve con su paciencia y sus criterios
y no con mis alfabetos y números inútiles.

Te agradezco, pues,
Chimborazo,
por dejarme encontrar con tu sonrisa,
la que tenías escondida tan solo para mí
en ese instante único
cuando ordenaste al cielo,
a los climas del mundo y de la luna
que se calmaran un poco
para unirnos tú y yo
como nunca lo hicimos en millones de años…

# BAUTIZO DE LA NIEVE

*[Rocky Mountain, Colorado]*

Hay algo de la nieve que fascina…
será porque nos cubre con su lienzo de nube
—a veces sin dañarnos—
o porque ataca en dentadas de hielo.

Hay algo de la nieve que desliza,
va como densa humedad,
suave después buscando la salida
a veces es el agua
la piedra que se esculpe.

La he visto desde lejos
alguna vez un tanto prohibida
por esos arenales del desierto
o por la estupidez de las fronteras.

Pero la veo aquí, allá,
en las montañas sacras y extranjeras,
pareciendo imposible.

La descubrí así dejándome enterrar
con esa compostura de escarcha refinada,

muy tersa entre mis manos
coqueteaba,
esquivándola
pero a la vez intimidándome
en un estado hipnótico de blanca lucidez.

Hay algo de la nieve que enamora
hasta envolverme en ella

y acabo dominado por su pureza límpida,
—avalancha de luna, esperanza acuosa—
derretida en esos arroyuelos
por donde voy feliz
hacia los ríos gigantes
transfigurado en gotas
y mares que aún me purifican...

# SIN MI PRESENCIA

*[Oahu, Hawai]*

Y ahora
la ola
viene serena
y sin resquicios,
boca
que mastica soplos
como en ayunas
como al principio…

La ola
despierta
cuando tú entras,
líquida geología vencida
sobre la arena
al toque de las piernas…

La ola
mira lo inútil
de toda mi anatomía
pero cuando penetro
inicia su torbellino,
un sueño blanco
jalando luces y sombras
días y cuerpos
que no regresan…

La ola
sube y baja,
orquesta que agita vida
¡cuántas infinitas veces,

cuántas oscilaciones!
Antes
despúes
ahora
y siempre

siempre siempre
sin mi presencia…

# EL METRO CUADRADO QUE NOS TOCA

*[Colonia, Alemania]*

I
Avanzaré hasta que terminen los caminos
para luego inventar otros,
recorreré el último confín
movido por la esperanza de un edén
donde la curiosidad entre en reposo,
se recupere fácilmente
para después continuar hacia la nada... lo que falta.

Esperaré a que el descanso sea breve
solo para reacomodar mis huesos, mis estrías,
borrarle las ampollas a mis pies
y, sin ningún talón de Aquiles,
ponerme de nuevo en otra ruta...

II
Sé que hay un instinto en mí
en ti
que me hace adorar este planeta,
recorrerlo, pero no brevemente, no,
no pequeños trayectos
ni trazos recortados,
sino a lo alto, todo lo ancho,
yo diría palmo a palmo
deglutirlo, lo más que uno pueda,
desde el primer suspiro hasta el temblor reciente...

¿Has notado que se deja viajar,
que facilita tus pasos
y a cada caminar

se siente bien amado
ofreciendo sus frutos como la vez primera?:
Así he podido ver múltiples faunas
—algunas agonizan, ya lo sé—
toros en brama de varios continentes
liebres en campiña desde la carretera
ocelotes en soledad total
leones debilitados por jaulas y distancias
y miles de flamingos en horizontes rosas…

También he sido rodeado por tiernos floripondios
floras enloquecidas por la lluvia
dátiles de varios mundos
¡la cosecha de pérsimos en casa!
pithayas que posan para un óleo
sandías aniquilando nuestra sed
orquídeas y helechos en ciertos funerales
sequoias sin edad
y hasta rábanos silvestres en pleno amanecer…

III
Apreciar desde luego
nuestros frutos, sí, los humanos también:
trenes silenciosos que me hicieron dormir,
un vecino feliz con paneles solares,
esa nave espacial que enfrenta algún meteoro,
los molinos de viento— de turbinas metálicas o aspas de
madera,
puentes de ladrillo
y los que cuelgan de vértigo
llevándome a localidades misteriosas,
amistosas
y a las violentas,
contaminadas urbes que ya desaparecen…

Y, claro, por supuesto,
salir también para encontrarte a ti,
creer en tu palabra,
saludarte como a un semejante que me espera
desde que salí de la matriz
para ofrecerte tan solo una visita
nada más porque sí
porque no merecemos finalizar así,
apáticos, conformes,
ciegos de todo, de nosotros,
morir de puro tedio
repitiéndonos la vida inútilmente
aferrados al único metro cuadrado que nos toca…

# SALVAMENTO

A la hora de la verdad
reventaré el casco urbano
escaparé hacia las praderas,
quizá alguna estrella,
para unirme al aire en su girar de hojas...

A la hora de descifrar el testamento
es muy probable que yo esté tranquilo
resolviendo enigmas con alguna indiferencia
porque no me importará la herencia de las cosas...

A la hora del regreso,
   del fin,
     del precipicio,
me fijaré en la pequeña luz de los relámpagos
como si recibiera alguna gota de ternura
—el salvamento repentino—
para no continuar solitario entre la nada...

III
CIERTA PALABRA CLAVE

**A VIVIR**

I
Cierta vez existí
en medio de senderos infinitos,
entre melancolías
recordando paraísos
un balneario
incluso algunos bosques…
Existí y me podías ver
un tiempo sobre el llano,
debajo de un lucero
o cuando la mañana es virgen y enamora.

Yo rellenaba escombros, enderezaba afectos,
quería traer lluvia
zarpando en las grietas,
neutral,
así,
como se irradia un canto.
Existí
guiado por palancas
fiera energía,
lejos muy lejos de voces inservibles,
grande cuando los ojos limpios…
No seducían premios
ni trofeos
ni coronas
ni ganancias
ni la ilusión del norte consumía.
Hasta me apersoné en tu puerta
en tu esencia de pluma
sin temer a las tumbas
ni a la tierra en greña.

Así existía,
nave sin freno, mi cuerpo dando espasmos,
volando
entre las risas surgidas desde ninguna parte…

II
Cuando toqué mi pecho
—antiguo, sereno, muy potable—
aparecí en ciertos domicilios y metrópolis,
entonces me hundí
en seres semejantes,
sus estatuas, tragedias,
alguna carcajada,
mojando la semilla con este amor autónomo.
Era, pues, invento colectivo
un remolino
que intentaba besos en lo último del tiempo.

Iba pegado al asfalto
ya sin las buganvilias,
rodeado en soledad por individuos al acecho,
secuelas tras de mí
como para inmolarme…

Iba también de vez en cuando alegre,
    curioso en espiral
        hasta entender
            y descubrir
lo que me trajo aquí:
la lucha por adquirir un nombre,
estar viviendo en muertes escondidas
para encontrar
incontables temores,
    pedazos de ternura
                y uno que otro amor…

## ESTA SED VIRGEN

Volverá la calma alejando pólvoras
y al reloj que nos atrapa,
llegará desmoronando dudas y apatías
para que nazca al fin el ciclo enamorado.

Mis vellos podrán ya descansar
sin esa sangre que huye de los miedos.

No me preocuparé de las victorias
ni de llegar primero
porque en verdad no importa…
solo vale la lucha, los esfuerzos
surgidos desde mí y en los alrededores.

Valdrá la pena entonces
poner todo esto en letras,
junto a las insistencias robadas al rocío
para no dejar nada a los vaivenes de la historia…

Tampoco volverán las penas a ofender
ni el átomo de los recuerdos
a bombardear la memoria que se extingue.

Vencerán mis nervios a los ruidos
— pizca de tiempo
      papel entre el chubasco
          cantares que unifican
              hambre de igualdad nunca antes vista…

No volverán a desaparecerme
ni a dejar mi lucidez tan cercenada
ni aquellos indecisos volverán
ni los incendios a levantar las pieles.

Mi descontrol no confundirá más al mundo
porque estaré
como esa gota cósmica en vigilia
por todo lo que somos, lo que fuimos.

Las enseñanzas inservibles no volverán,
ni los improvisados maestros de lo inútil
ni la quietud del conformista volverá…

Volverá, sí, y se quedará

esta sed virgen,

ignota y bullente
que me pide rondar dentro mí
cuando de súbito soy nadie
cuando vacío estoy y solamente me lleno con palabras…

**INSOMNIO**

Antes del sueño
soy el oído de los alrededores
donde puedo escuchar todo:
por eso es tan difícil que logre serenarme…

## NUNCA LLEGA

Espero
inquieto
la espera desolada…

Corren, vuelan
imágenes punzantes
y arrastran sin cesar
a la penuria.

Juega
la fantasía
con sombra
y luces juega,
nace imaginación del hielo
y las prisiones.

Veo,
me sumerjo
y miro:
Llora mi remolino,
llora y canta,
llamando
al silencio:
¡A la calma exterior
que nunca llega!...

# NOCTURNO CUERPO

Mi cuerpo se despoja de las calles…
viene del edificio, de sobrevivencias y cobranzas

**de mares, continentes**
**y a veces** desde algunos escondrijos
pero siempre acaba aquí, consumido en fragmentos…

Mi cuerpo ahora no es lluvia
ni sigue a las estrellas, tampoco es polvo
ni acompaña a los pájaros…

Atado al suelo,
oculto entre voces y miradas,
rueda sobre la anónima banqueta
husmea una ventana,
sube
y baja
escaleras
guiado por letreros y momentos
sin saber por quién ni dónde.

Mientras,
sonriente y desde atrás,
la historia intenta
el salvamento de otro hombre…

Mi cuerpo, no obstante,
crece en suficientes direcciones,
brota en alguna jornada
y en la hilera de los autos

o va como un robot, lo sé,
cumpliendo una misión por alguien programada

y a veces es feliz
cuando se encierra aquí,
conmigo,
y platicamos solos
como lo hacemos en esta misma noche:

Mi cuerpo y yo
al fin
ya somos uno.

# HABÍA QUE DECIRLO

Demasiado
en el pecho demasiado
los sentidos clavándose en la vida
los escombros sin pausa.

Demasiados
los relatos que se agolpan
la sonrisa reprimida
el latir de una semilla.

Demasiados
los cantos inconclusos
la bomba en un oído
el triturar de huesos
el escape de tus labios.

Demasiados
los rostros olvidados
la locura amamantada
la existencia sumergida
el latir de la metrópoli.

Demasiado
el enredo de la noche
los besos del engaño demasiados.

Las cabezas degolladas
el poder que nos imponen
la pasión sin ninguna inteligencia…

Demasiado
demasiado
que había que decirlo
acribillando hojas hasta el fin…

# OSCURIDAD TRIUNFANTE

*[Phoenix, Arizona]*

I
El día dejó una cicatriz
y apareció la noche
como una plaga sobre la gran comarca…

El sueño inicia su visita
y apenas se recuerda el canto de un poema.

La oscuridad renace,
arrastra humos y al hartazgo de las horas,
divaga sin sonetos,
se aloca con el clima como juntando todo

rescata calaveras

es una llaga viva saturada de pasos rutinarios,
jadeos sin permisos
mientras la Tierra nos sacude
y la máquina angustiada busca a un hombre.

II
La oscuridad esparce los sonidos
las memorias
hace vaciar palabras,
imágenes abstractas de otras dimensiones…

La oscuridad cosecha tus plegarias
oraciones
el último reducto
cuando la voluntad nos falla

madre amamantando
el dolor del inconforme.

Y ahí va, la oscuridad,
la ves triunfante, amenazante

hasta que abraza y me somete
debilitando las rodillas
y mi motor que bulle de cansancios...

# PARA QUE RÍAS

Sombra
    sombra esquiva:
                Ven...
Suelta
    tu palabra
llora
    las estafas
                ¡sombra!…

Sal del escondite
cuéntame el ocaso
revélame otra fuga,
sombra:
¡Aquí está el papel para que rías!..

## ME REVELAS QUIEN SOY

*[En casa, Keyes, California]*

I
La noche
no es solo la huida de algún sol,
refugio de los cuerpos
o el chillido enérgico de un grillo…

Es también resumen no de un día
ni de varios,
        sino de todo un viaje…

Ahí voy desesperado,
elimino luces dejando platos sucios
libros desordenados
motores encendidos
y seres con sus pendientes diarios…

La noche
no es puro escondite
ni un juego de piernas entre sábanas
—lo sabes bien—
también es calabozo
principio de una crisis
ideas de suicida

la recuperación de la nostalgia

conjunción de ruidos de varios horizontes…
II
Por eso voy a ella
la busco, la procuro,

y si no llega cuando la necesito
hago penumbras a pleno medio día —imperio de la noche.

Así, cierro persianas,
degluto alimentos sabor oscuridad,
bajo cortinas
taponeo rendijas
juego a las escondidas
me encierro en varios closets
o simplemente clausuro la mirada
porque requiero la noche
mi noche
a cada instante, la mía,
magnífico egoísta,
mi noche
en la privacidad…

La invento, sí,
no importa que a veces resulte artificial,
plástica y prepotente —dominio de la noche…
III
Porque sin ella
no pueden manifestarse
otras vidas que cargo
y que acumulo en trabajos y desgastes

sin ella voy incompleto
capítulos a medias
de intrigas no contadas:
Hijos nonatos porque no hubo amor
cigarrillos quemándome el pasado
caminos no pisados por el temor de un arma,
revelaciones de la infidelidad…

¡Oh noche
no importa cómo seas!
grandiosa, chiquita,
yo solo te requiero real,
venida a mí
por el entierro de luz
o creada en los aposentos
donde se te requiera:
Cuartos en renta, recámaras gastadas,
oficinas añejas, asientos de autobús,
áreas de descanso o carpas de explorador…

IV
Noche,
dónde estés
cómo estés,
dame los instantes sagrados
para sacar ventaja
de la soledad que todavía me toca

cuando los perros husmean la campiña
cuando cierran el ataúd de hoy
o el mar extraña al pez de la pecera…

Y, sobre todo,
cuando queda la quietud
y los espacios huecos
de las voces humanas
que huyen
solo por tu presencia
resignados a la rutina pavorosa…

Y así,
noche,

por fin,
tenemos tú y yo
nuestros goces ocultos
como en este mismo instante
que, de nuevo,
me revelas quien soy...

## COSAS DE LA MIRADA

Las cosas apiñadas en mi habitación
brillan cual señales del camino de donde provinieron.

Otras se convierten en recuerdos
que recorro con la destreza de un cisne.

Cosas de la materia traídas
desde la vuelta de la esquina o de paseos distantes
que punzan ahora en libreros y anaqueles,
seducen al goce y hurgan mis penas,
inagotables
sin fronteras…

Cosas que el ojo esculca,
de lado a lado, de forma en forma,
trastocadas desde el amanecer
hasta la sombra callada de mi hogar.

Cosas que la terca mirada
quiere aún revelar su secreto,
exprimir su vacío,
encontrar ese rasgo
que las hace distintas cada día
y se vuelven
de nuevo
una sorpresa…

# CIERTA PALABRA CLAVE

*[Puerto Vallarta]*

Qué se puede decir
cuando desaparece el sol
sin previo aviso,
cuando una ola
se junta con la noche
en un simple parpadeo
y la primera estrella salta
sobre un cuerpo
surgido de la arena…

Qué se puede decir
si uno no es capaz
de atrapar el instante
y todo se te fue
en un respiro,
en ese laberinto
donde cupo la vida
tan irrecuperable
como esa palabra
clave y cierta
que jamás pude decirte…

# ENTONCES SERÉ LIBRE (Poética de un viaje)

*[Roma-París]*

I
La penumbra llama
y me confiesa
que puedo acumular eternidades.

Cosechar vida desde mi lecho hasta las calles
desde ventanas sin vidrios
en graderías y espacios que derrotan al caos
—fluir de señales y musas que no paran.

Ahora puedo ya arrojar flores
hacia el olvido del mundo,
absorber el residuo de los cuerpos que giran
mirar la mudez disfrazada de noche
—sin nada que cobije, sin nadie que conforte.

Puedo también bajar o subir escaleras ajenas
ignorar la hora en que termina el reloj
asomarme al crepúsculo sin ningún sobresalto
sin saber que recorro pastos que al fin ya reverdecen.

¿Y todo para qué?
¿Para seguir la simple cosecha de las cosas
acabar sepultado
bajo la madriguera que alguien nos impone?

II
Es mejor seguir el canto arrebatado
lograr la precisión en la punta de la lengua
sin que nunca me silencien como antes.

Claro, también para saber estar solo,
enfrentar el desfile de mí
alcanzar geografías imposibles
o la grandiosidad de una hoja en blanco
que tiembla de sorpresas cuando llega la hora,
cuando inicia el impacto,
el fallecer que aplazo,
esa pausa cruel que requiere el caminante entre las dunas.

Y ahora caen,
zumban, vienen como un hilo,
se enredan sin calma ni permisos
los pasos
los pasos
duros, feroces,
sin remordimientos ni mordazas

fluyen los pasos, la humanidad en soplos
y capto, escribo, plasmo
en ráfagas violetas de electricidad

y entonces ya soy libre

el mejor momento para que tú me hables
de ti, de lo de antes,
ahora que mi mano ya te sigue,
que esculco y atravieso tu rostro
bosquejando imaginaciones
atrapadas en tiempos sin permiso.

III
Ven, acércate a mi sien,
penetra mi alcancía
acomódate y escoge el mejor árbol,

el sillón de la esquina
o el camino más fácil
y dame nuevas pistas para que mis oídos,

todo mi ser
asimilen la materia que me traes
y que ya voy convirtiendo en fantasías.

Así quiero seguir hasta el confín,
regresar cada vez
y encontrarte

porque somos un viaje
irrepetible
donde a veces coincidimos
un instante
para dejarlo todo plasmado aquí...

en la palabra…

# I - ARTESANA DE MISTERIOS


Canto de nuestros cuerpos / 7
El presente / 9
Juntos / 10
Frente a mis sueños / 11
Hasta el adiós cansado / 12
Para no ser olvido / 13
El último recuerdo / 14
Mi madre me deja… / 16
Naturaleza andrógina (Oda a Darío) / 20
Artesana de misterios / 25


# II - POESÍA AL NATURAL


Transmutación / 29
Sequoia / 31
California flowers / 34
Canto del viento / 36
Instantánea del Chimborazo / 38
Bautizo de la nieve / 41
Sin mi presencia / 43
El metro cuadrado que nos toca / 45
Salvamento / 48


# III - CIERTA PALABRA CLAVE


A vivir / 51
Esta sed virgen / 53
Insomnio / 55
Nunca llega / 56
Nocturno cuerpo / 57

Había que decirlo     /     59
Oscuridad triunfante     /     60
Para que rías     /     62
Me revelas quien soy     /     63
Cosas de la mirada     /     67
Cierta palabra clave     /     68
Entonces seré libre (Poética de un viaje)     /     69

www.ingramcontent.com/pod-product-compliance
Lightning Source LLC
Chambersburg PA
CBHW071235130726
47998CB00003B/961